De muchas maneras

Cómo las familias practican sus creencias y religiones

Por Shelley Rotner
y Sheila M. Kelly, Ed. D.

Fotografías de Shelley Rotner

ediciones Lerner

MINNEAPOLIS

DEDICATORIA

En memoria de Margaret Cameron Hood, mi abuela escocesa, quien me enseñó que "hay muchos, muchos caminos y nadie te puede decir que uno es mejor que otro".
— S. M. K.

Para Emily, que encuentres tu camino.
— S.R.

Y para Hans Teensma por diseñar este libro con gran comprensión y creatividad.
— S.M. K. Y S.R.

Traducción al español: © 2007 por ediciones Lerner
Título original: *Many Ways: How families practice their beliefs and religions*
Texto: copyright © 2006 por Shelley Rotner y Sheila M. Kelly
Fotografías: copyright © 2006 por Shelley Rotner

La edición en español fue realizada por un equipo de traductores nativos de español de translations.com, empresa mundial dedicada a la traducción.

ediciones Lerner
Una división de Lerner Publishing Group
241 First Avenue North
Minneapolis, MN 55401 EUA

Dirección de Internet: www.lernerbooks.com

Library of Congress Cataloging-in-Publication Data

Rotner, Shelley.
    [Many ways. Spanish]
    De muchas maneras : cómo las familias practican sus creencias y religiones / por Shelley Rotner y Sheila M. Kelly ; fotografías de Shelley Rotner.
        p. cm.
    Includes bibliographical references.
    ISBN-13: 978-0-8225–6506–2 (lib. bdg. : alk. paper)
    ISBN-10: 0-8225–6506–4 (lib. bdg. : alk. paper)
    1. Religions—Juvenile literature. I. Kelly, Sheila M. II. Title.
BL92.R6818 2007
200—dc22   2006012785

Fabricado en los Estados Unidos de América
1 2 3 4 5 6 – DP – 12 11 10 09 08 07

En el año 2000, la prensa informó que representantes de quince religiones y más de cien grupos de fe asistieron a la Conferencia Mundial sobre la Religión y la Paz. Este libro es un modesto intento de ayudar a los niños a ser conscientes de la diversidad de tradiciones espirituales y las semejanzas entre sus familias y otras cuyas costumbres y tradiciones religiosas son distintas a las suyas. Reconocemos que muchas tradiciones no están representadas en este libro, y que puede haber varias ramas dentro de una tradición que no hemos podido incluir.

Los padres y maestros encontrarán notas descriptivas sobre las fotografías en las páginas 30 y 31.

Agradecemos especialmente a los numerosos niños y adultos que nos recibieron en sus hogares y lugares de culto y que con entusiasmo nos enseñaron sobre sus creencias. Gracias.

— S. R. Y S. M. K.

Los niños van a la escuela juntos,
trabajan juntos
y juegan juntos.

Sus familias disfrutan las mismas actividades.

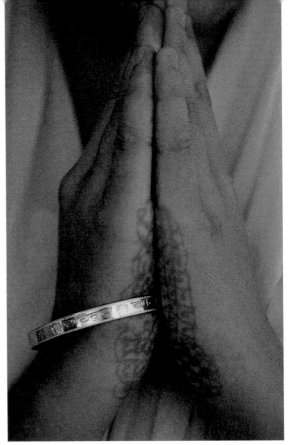

Sin embargo, las familias pueden tener distintas creencias acerca de Dios.

Rezan y rinden culto a su manera.

Las diferentes maneras tienen distintos nombres,
como budismo, cristianismo, islamismo, judaísmo,
hinduismo o sijismo.

Tienen distintos lugares para orar o adorar a Dios,
como iglesias, templos, mezquitas o santuarios.

Allí, ellos practican sus creencias y aprenden

las historias y las palabras de sus grandes maestros.

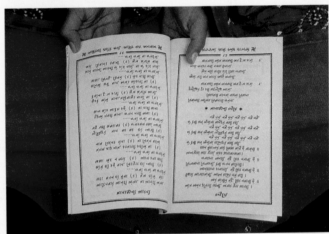

Sus libros contienen las enseñanzas de sus grandes maestros.

Los símbolos le recuerdan a la gente
sus creencias.

A veces, la música llama
a las personas a la oración.

En ocasiones, la música expresa alegría
y agradecimiento.

Todos tienen fiestas especiales con comidas especiales.

Todas las familias disfrutan su propia manera
de celebrar y practicar sus creencias.

Todos disfrutan la belleza de este mundo

y celebran los momentos importantes de la vida.

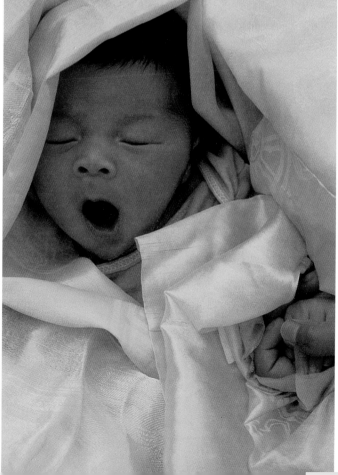

Todos sus grandes maestros han enseñado la misma
lección: amarse y cuidarse los unos a los otros

y amar y cuidar nuestra hermosa tierra.

Información sobre las fotografías
(En el sentido de las manecillas del reloj en cada página, de izquierda a derecha)

Página 8
• Un niño budista reza ante un altar en su casa.
• Una niña sij reza. Lleva puesta una pulsera tradicional en su brazo pintado simbólicamente.
• Un niño musulmán vestido según la tradición reza sobre su tapete de oración. (Los musulmanes son los practicantes del islamismo.)

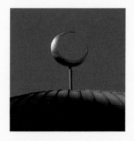

Página 9
• Una niña hindú reza ante un altar en su casa.
• Una niña cristiana reza junto a su cama.
• Una niña judía enciende las velas en el Sabbat.

Página 10
• Una familia cristiana sale de su iglesia.
• Un hombre judío camina afuera de su templo.
• La entrada a un templo hinduista.

• Una familia musulmana en una de las posiciones de oración.

Página 11
• Un niño sij rinde culto en un santuario.
• Un grupo de budistas frente a su templo.

Página 12
• Un ritual de encender las velas en un templo hindú.
• Un grupo de sijs observa un ritual en su templo.
• Un rabino con los rollos sagrados ante la congregación judía.

Página 13
• Budistas asisten a un servicio religioso en su templo.
• Un musulmán lleva a cabo el ritual de lavado de las manos antes de entrar en una mezquita.
• Una sacerdote ofrece la comunión.

Página 14
• Una página del Corán, el libro sagrado del islamismo.
• Una página de un manuscrito budista sagrado.
• Una página de un manuscrito hindú sagrado.
• La Biblia, el libro sagrado de los cristianos.

Página 15
• El Granth, el libro sagrado de los sijs.
• Parte de un rollo de la Torá, el libro sagrado del judaísmo.

Página 16
• La estrella de David, un símbolo del judaísmo.
• La figura de Shiva, un dios importante de las enseñanzas hinduistas.
• La torre de una iglesia cristiana, con una cruz simbólica.

Página 17
• La luna creciente, un símbolo importante del islamismo.
• Una figura de Buda, usada como inspiración en las prácticas budistas.
• La espada de doble filo, el símbolo sij del poder de la verdad.

Página 18
• El shofar, un cuerno que se toca en los Días Santos Supremos judíos.
• El muecín llama a los musulmanes a rezar.
• Un tingsha, instrumento budista que se toca durante ciertos servicios religiosos.

Página 19
• Una campana de plata que a veces se usa durante la oración hinduista.
• Instrumento sij que se usa durante algunos servicios religiosos.
• El coro de una iglesia cristiana.

Página 20
• Un coro cristiano.
• Una celebración judía.

Página 21
• Un niño musulmán toca el tambor.

Página 22
• Ofrendas de alimentos en la fiesta hinduista de Diwali.
• Postre para celebrar el nacimiento del profeta Mahoma.
• Panecillos calientes de la Pascua cristiana.

Página 23
• Una celebración budista tradicional.
• La celebración de la Pascua judía.
• Platillos especiales de una celebración sij.

Página 24
• Celebración islámica al final del Ramadán, el mes especial para ayunar y orar.
• Una familia sij celebra el nacimiento de su fundador espiritual.
• Un grupo de familias budistas celebra el nacimiento de su principal guía espiritual.

Página 25
• Una familia cristiana celebra la primera comunión de su hija.
• Encendido de las velas en Januká, la fiesta judía de la luz.
• Niños hindúes en Diwali, una celebración de la luz y la riqueza.

Lecturas adicionales

Oneness. Jeffrey Moses. Fawcett Columbine. 1989.

What I Believe. Alan Brown y Andrew
Langley. Millbrook Press. 1999.

The Kingfisher Book of Religions. Trevor Barnes.
Kingfisher. 1999.

The Story of Religion. Betsy y Giulio Maestro.
Clarion. 1996.